Voyage initiatique

ISBN : 2-9526059-3-9

Couverture:

Photo de Matthieu GROBLI

Matthieu GROBLI

VOYAGE INITIATIQUE

Préface

Ce sont les allers-retours entre deux continents (et les expériences faites pendant ces déplacements) d'un certain jeune homme, qui sont décrits minutieusement dans ce livre.

Que cherche le jeune homme dont il est question ?

Il « se cherche » pourrait-on dire.

D'abord en regardant son image dans le miroir, mais la contemplation passive de ce reflet ne lui suffit pas. : « Alors, je pris la ferme décision de couper court à mes pensées pour me mettre en action. »

Il comprend qu'il doit partir « à la conquête du Graal » et subir des épreuves.

La première épreuve est la traversée de l'océan. Il est particulièrement malmené par la mèr(e) qui sépare les deux continents.

On reconnaîtra l'Europe (la Civilisation) et l'Afrique. Ce sont les racines de l'auteur puisque le père est africain et la mère européenne. C'est effectivement la quête de ses racines qui préoccupe ce jeune homme mais avant de revenir « près de ses parents » il va affronter beaucoup de dangers (« la vie, une jungle ») ».

Il y a dans ce passage une description des ressentis, des malaises, des souffrances du corps : « j'étais en train de me déshydrater et je n'avais pas de quoi m'abreuver »

Il est même en proie à des hallucinations :

« Obnubilé par le bruit incongru du l'hululement des hiboux, du grésillement des grillons, du jasement des perroquets et des cris stridents des singes, je ne pus fermer l'œil. »

Dans Traumatisme de la naissance on retrouve cette angoisse : « Je sentis l'angoisse de mort se propager lentement le long de mon malingre corps, faisant accroître mes pulsations cardiaques et les battements excessifs de mon cœur me donnaient le sentiment effroyable qu'il allait, en transperçant la mince pellicule cutanée de mon enveloppe charnelle, s'extirper violemment. »

Et bien sûr il « tutoie » la mort un grand nombre de fois, mais pourtant il survit et éprouve des instants de bonheur : « vie, je t'aime ».

Il y a quand même une parenthèse heureuse : quand il débarque sur une île où il est adopté par des « indigènes » et est même initié. Mais la nostalgie est plus forte et il repart pour revenir « chez lui ».

Malheureusement, durant son absence tout a changé. La réalité le déçoit mais il se fait une philosophie de la vie : « Il m'a fallu partir vers d'autres horizons pour m'apercevoir que la vie n'est que mouvement, que nos actions nous rapprochent inéluctablement de l'état chaotique initial et que nos existences sont des immenses champs de bataille dans lequel nous luttons pour le baroud d'honneur contre le désordre envahissant »

Un mot du style : nous sommes ici à la limite de la poésie. C'est un récit en prose mais il est truffé de mots rares, recherchés, à la limite « précieux ».

Il y a dans les descriptions des différents lieux visités une accumulation de détails (surtout quand l'auteur parle de la nature) : « M'adossant contre le tronc robuste, j'admirais et écoutais les innombrables grenouilles, assises sur les berges d'un lac, qui coassaient comme pour remercier le ciel de l'abondance des insectes qui venaient tomber dans leur bouche avide. » et aussi :

« Je marchais sur la couverture humide du sol, où grouillaient cloportes, charançons, limaces et insectes de tous genres, lorsque je vis, devant moi, un bousier qui avait confectionné une boule de bouse et la faisait rouler jusqu'à son lieu de nidation avec ses pattes postérieures comme un acrobate de cirque. Sur son chemin se trouvait une minuscule rainette dont la peau translucide laissait transparaître les battements affolés de son cœur.

À l'approche du scarabée sacré, la petite grenouille déploya des pattes et d'un bond, s'en éloigna. Plus loin, je fus témoin du ballet effréné des papillons et oiseaux-mouches qui, attirés par les couleurs vives des fleurs, volaient au-dessus de celle-ci. »

On trouve aussi de la dérision et de l'humour, par exemple dans le passage intitulé « Sacrifice expiatoire » : « Mon visage prit une pâleur livide en voyant une marmite géante sur des charbons de bois ardents. Allais-je devenir le repas de ces indigènes anthropophages ? »
En résumé, un récit que l'on sent sorti du cœur et des tripes de l'auteur : l'écriture peut être une thérapie.

**Marie
BARBEY**

L'homme et son double

Tout avait commencé une belle nuit d'été, j'étais dans ma chambre et je cherchais désespérément à donner un but à mon existence.

Couché sur le dos, bras derrière la tête et pieds croisés, je rêvassais sur mon lit moelleux à une vie fantasmagorique où les hommes seraient libres et égaux, une vie où il n'y aurait ni haine ni jalousie, un monde paisible sans violence ni peur où pourraient régner joie et harmonie.

Ce monde utopique que j'avais réussi à construire dans ma tête, représentait le fruit de mon espérance.

Nous aimerions tous jouir des délices d'un tel Paradis, mais que faisons-nous pour cela ?

Se complaire dans la paresse et se morfondre dans les plaintes, voilà ce que l'homme se plait à faire.

Il pleure sur son triste sort en attendant une grâce providentielle.

Mais moi, je ne voulais pas rester dans l'inertie en pensant que les contingences de la vie me seraient favorables.

Il me fallait absolument donner un sens à mon existence.

Alors, je pris la ferme décision de couper court à mes pensées pour me mettre en action.
D'un bond, je me levai de mon lit pour me retrouver les deux pieds à droite de mon chevet.

Puis, avec la forte conviction de ce que je voulais entreprendre, je me dirigeai avec autorité en direction de la salle de bain où j'avais rendez-vous avec moi-même.
Franchissant l'embrasure de la porte, je me trouvai à présent juste devant un grand miroir bordé par de flambants carrelages.

Je restai d'abord perplexe sur mon apparence puisque l'éclat de mon visage sur cette surface de verre était bien identique à toutes les fois où je m'étais regardé dans un miroir, à la différence que, cette fois-ci, j'avais les yeux cernés et les cheveux ébouriffés.
Fixant longuement mon image dans le miroir, je m'interrogeai :
«Que représentait ce visage?»
«Quelle était la signification symbolique de ce double ?»

Ce reflet symbolisait le Moi qui n'étais pas véritablement moi, en quelque sorte le regard de l'Autre.

Ainsi, lorsque nous nous regardons dans le miroir mythique nous prenons conscience de l'importance du regard de l'Autre dans notre existence.

Car il représente la pierre angulaire indispensable à l'édification d'un humanisme : « C'est par l'Autre que je suis, c'est par l'Autre que j'existe »

Soulagé par ce que je venais de comprendre, je tournai le dos au Miroir lorsque soudainement des flashs sporadiques vinrent inonder mes pensées.

Je venais de trouver un subterfuge à cette société aliénante, angoissante et stressante en partant, en solitaire, à bord d'un bateau, à la conquête du Graal.

Quelques effets rudimentaires emportés avec moi et me voilà voguant sur les mers, à la recherche d'une trépidante aventure aux multiples sensations...

A la recherche

Cela faisait près de deux mois que je naviguais sur les flots océaniques, errant à la dérive, sans un brin d'espoir et que tous les jours, à la même heure, je recevais la visite du soleil qui venait me consoler, jusqu'au soir, de ma détresse.

Du hublot de ma cabine, je voyais la lune miroiter sur la surface bleue de l'océan et j'admirais, tandis que de petits nuages disparates voyageaient dans la nuit, les profondeurs insondables du firmament où des lettres de feu formant les constellations traduisaient les arcanes de l'infini.

Je me laissais guider par les vents et le roulis de la houle vers une destination inconnue et je naviguais ainsi, sur un immense océan bleu, attiré par le chant envoûtant des sirènes qui me disait de venir...

Ne sachant où aller, je flottais comme une bouée, animé par une tempête de désirs.

Je me sentais catapulté par de gigantesques vagues qui me transportaient de plus en plus vite comme si elles allaient m'amener vers ce dont j'aspirais.

Emporté par les flots, j'étais optimiste et déterminé même si cette situation quelque peu insolite donnait l'impression de chercher une aiguille dans une botte de foin.

Après des mois sans succès apparent, voguant toujours à la dérive tel un pèlerin à bord de son navire, je commençais à douter et à me décourager quant aux possibilités et chances d'apercevoir cette chose si convoitée par le monde et pourtant si dure à trouver.

Je décidai donc de mettre plus d'atouts à ma disposition et je me mis à crier de toutes les forces :

«Amour où es-tu?», « Amour montre-toi?»

Mais j'avais le sentiment de prêcher dans le désert tellement l'écho de ma voix me revenait comme un boomerang.

Tombant sur mes genoux, je levai les mains vers le ciel, priant le Démiurge de me venir en aide.

J'aurais voulu à ce moment là que les cieux s'ouvrent et que descende dans une nuée, ce bienfaiteur, seul capable de m'éclairer dans cette recherche si obscure.

En définitive, je ne savais même pas ce que c'était l'Amour.

Était-ce une chose ?

Était-ce une manière d'être ?

Était-ce un sentiment ?

Tout ce que je savais c'était que j'étais tributaire de cet Amour et qu'il fallait absolument que je le trouve.

Mais comment pouvais-je chercher quelque chose

que je ne connaissais pas?

Je ne détenais qu'une infime idée sur son signifié, mais rien de bien concluant.

Me rappelant seulement de ce que l'on m'avait souvent dit: «l'Amour est patient, qu'il est plein de bonté, qu'il exige tout, qu'il croit tout, qu'il espère tout, qu'il supporte tout et qu'il est impérissable», je concevais d'une part que si cet Amour ne mourait jamais, j'avais une chance de m'en approcher, mais je pris aussi conscience de l'intemporalité de l'Amour ce qui me fit tomber en sanglots.

Je venais de me rendre compte que l'Amour était partout et en tous et qu'il ne fallait pas le chercher pour le trouver ni même le demander pour l'avoir, mais qu'il fallait juste tendre la main et le prendre puisqu'il était tout près de nous.

Tempête meurtrière

Après ce petit moment de réflexion qui me transporta dans une plénitude totale, je sortis sur le pont de mon bateau, pour profiter d'une belle nuit étoilée, où la fraîcheur de la bise m'enveloppa de ses draps de soie.

J'étais là, à scruter l'horizon ébène, les bras croisés et le visage éclairé par la lune.

À l'arrière de mon bateau, j'apercevais un long sillon d'écume qui s'échelonnait à l'infini.

Cette accalmie se transforma soudainement en un véritable tumulte dans lequel le sifflement des rafales de vent et le fracas de vagues contre la coque de mon bateau annonçaient l'imminence d'une forte tempête.

Poussées par les vents impétueux, les voiles de toile se gonflèrent et se raidirent au point qu'elles cédèrent brutalement à l'attache du mât.

Je rentrai subrepticement à l'intérieur de ma cabine pour constater, sur le tableau de bord, l'aiguille de l'anémomètre s'affoler.

J'essayai de maintenir fermement le gouvernail afin de garder le cap à tribord, mais je compris que mes efforts étaient vains.

Cela ne servait à rien d'essayer le maintenir la direction : le bateau tanguait dans tous les sens, malmené par les eaux tumultueuses de l'océan.

Dans certaines situations la Nature rappelle sa suprématie à l'homme.

C'est alors qu'elle devient impitoyable.

Mais moi, intrépide voyageur, je ne pouvais tolérer le fait d'être régenté par une mer «capricieuse».

Alors, j'allumai ma pipe, je redressai ma casquette et, d'un pas déterminé, je franchis l'embrasure de la porte de la cabine.

A peine avais-je mis le bout du nez au dehors, qu'une rafale de vent vint fouetter mon visage avec une telle violence que mes lunettes volèrent en éclat.

J'essayai de les rattraper mais elles étaient déjà bien loin, perdues dans les méandres de l'océan.

Tenant ma pipe et mon chapeau, je progressai, tête baissée, vers le mât qui avait cédé à l'attache des voiles dans l'espoir de le rétablir.

Mais, je ne pus pas faire grand chose, tant les dommages étaient importants.

Je me battais de toutes mes forces contre ces eaux déchaînées et ces rafales de vents violents qui frappaient le lof de mon bateau.

Je fus très vite dépassé par l'ampleur de la tornade qui avait déployé, dans le combat, la totalité de son arsenal.

Tout s'était passé si rapidement.

Les nuages gorgés d'eau s'étaient d'abord amoncelés dans un ciel à l'aspect lugubre, puis, subitement l'orage avait éclaté.

De vives décharges électriques suivies par le grondement du tonnerre avaient parcouru les cieux de toutes parts et une pluie diluvienne s'était abattue sur l'embarcation.

Les convulsions de la mer déchaînée déployaient des gigantesques vagues qui s'abattaient et se désagrégeaient sur la coque de mon bateau et le ressac qui en résultait faisait littéralement exploser les vagues sur mon visage.

Mon bateau ballotté dans tous les sens sur les flots sauvages d'une mer agitée avançait inévitablement vers l'œil du cyclone.

Je subissais les foudres d'une mer courroucée qui formait des vagues de cinq à six mètres de hauteur prêtes à se rabattre sur mon bateau et l'engloutir de ses flots.

Le tourbillon s'était considérablement rapproché et tel un trou noir menaçait de nous aspirer dans sa spirale infernale.

L'œil du cyclone n'était plus très loin et la confrontation paraissait inévitable.

Soudain, je fus happé par celui-ci puis intégré dans sa circonvolution.

Finalement le combat était trop déséquilibré et mon embarcation et moi fûmes précipités dans les abysses.

Mon bateau désagrégé gisait maintenant vingt mille lieux sous les mers.

Mais qu'était-il advenu de ma personne?

Sur une île mystérieuse

Drossé sur une rive inconnue, je regardais allongé sur le sable mouillé, un monde grouillant de petits animalcules emprisonnés dans les anfractuosités des rochers où le ballet rythmé d'une ophiure aux mille couleurs bariolées captiva mon attention.

Puis, je restai là, à admirer le ciel azur qui miroitait sur l'étendue d'eau quasiment limpide tandis que les vagues déferlaient et se brisaient pour recouvrir mes pieds d'écume et que des minuscules crabes doués d'une incroyable vélocité se déplaçaient à proximité de mes membres squameux.
Tout autour de moi, je remarquai soudain un cimetière d'animaux translucides qui ornaient le sable doré de la magnifique plage.
Je compris très vite qu'il s'agissait de méduses et qu'il fallait ne pas les toucher si je ne voulais pas être atteint de brûlures et corrosions cutanées.

Quelque peu effrayé par cet environnement plutôt morbide, je pris la sage décision de quitter les lieux au plus vite.
Pour aller où, je n'en avais aucune idée.

En définitive, je ne savais même pas où je me trouvais.

Quoi de plus angoissant que d'être seul, dans un endroit inconnu, aux antipodes de toute civilisation, sans appuis ni repères?

Lentement, je m'étirai sur le sable, me tâtant les articulations et faisant état de ma santé.

Miraculeusement je n'avais rien de cassé. J'avais juste les membres ankylosés et un peu endoloris.

Comment cela était-ce possible après un tel naufrage ?

Après quelques instants, je repris ma posture et me mis en mouvement.

J'étais en quête d'une oasis dans laquelle l'eau ne tarirait pas, d'un havre de paix après ce brouhaha, d'un îlot de végétation dans ce désert, et marchant sous la canicule, le corps enduit de sueur et les lèvres desséchées, je regardais et voyais un horizon immuable.

Les ergs ressemblaient à de grosses vagues et la plage à un océan de tristesse.

Je me laissais emporter par les flots arides et par les vents chauds et secs, sans résistance, comme le ferait une girouette poussée par la force éolienne.

Je me déplaçais sur une véritable mine de diamants aux multiples facettes qui resplendissaient et reflétaient les rayons du soleil.

Au-dessus de cette surface scintillante de beauté, se trouvait le disque solaire, qui d'un regard perçant, veillait tel un garde-fou, sur tout ce qui se trouvait ici-bas.

Dans ma ligne de mire, je pouvais apercevoir, à travers les tourbillons de sable qui obscurcissaient considérablement mon champ de vision, une forme... et je me dirigeai dans cette direction.

Dans ma progression, les rafales de vent venaient me percuter avec une extrême violence et je dus me protéger le visage en m'enroulant un morceau de tissu autour de la tête.

Étant à la fois ébloui et aveuglé, j'avançais sans savoir précisément où j'allais, sentant la douleur provoquée par l'impact des minuscules grains de sable qui venaient s'abraser sur ma surface charnelle.

Il faisait, sur cette plage, une chaleur torride et une grande quantité de sueur s'exhalait de mes glandes sudoripares pour aussitôt s'évaporer sur de ma peau tannée.

J'étais en train de me déshydrater et je n'avais pas de quoi m'abreuver.

Il me fallait puiser au plus profond de mes entrailles l'énergie nécessaire à ma survie.

Soudain, je sentis en moi une volonté inchoative qui me propulsait dans un champ d'espoir et me procura la force d'avancer.
J'escaladai puis dévalai les monticules de sable comme un bateau emporté par le roulis de la houle.
Mes vêtements tombés en lambeaux n'étaient plus que le reflet de ma pauvre vie et je posai les pieds l'un après l'autre sur cette surface brûlante, un peu comme un lézard parcourant les dunes du Sahara.
Manquant terriblement de vélocité et de courage, je trébuchai pour finir par m'affaler, face contre terre, inconscient.

Quelques temps après, je dessillai tout doucement les paupières...
Ma vision était floue.
Je me frottai vigoureusement les yeux et je vis ce disque couleur jaune-orangé disparaître à l'horizon et mon cœur fut pris par un flot de mélancolie et nostalgie.
Emu par la beauté d'un tel spectacle, mes glandes lacrymales débordantes d'Amour et de Joie laissèrent échapper quelques larmes

qui dégoulinèrent et s'échelonnèrent comme un ruisseau le long de mes joues.

À bout de souffle, il me fallait ramper en me contorsionnant du mieux que je pouvais vers ce que j'avais vu à l'horizon, qui commençait à se dessiner et qui semblait bien être une forêt.

À quoi pourrais-je être confronté dans un tel environnement ?

L'île était-elle peuplée ?

Autant de questions qui restaient pour le moment sans réponses tant que je me trouvais à l'orée de la forêt mais qui allaient très vite se décanter lorsque j'allais pénétrer la profondeur de celle-ci.

La vie, une jungle

Poussé par la curiosité, je me dirigeai vers le paysage arboricole qui se trouvait à quelques pieds de là, et que je pouvais voir, luxuriant de verdure.

C'était une forêt assez dense, dominée par quelques géants d'une soixantaine de mètres et dont la cime, touffue, servait de parasol à un sous-bois humide qui grouillait de cloportes et de fourmis dissimulées sous les feuilles mortes en décomposition.

Sous-plombant ces grands arbres, d'autres arbres, robustes et au feuillage verdoyant et garni, laissaient pendre des lianes et des racines aériennes sur cette terre forestière humique.

J'entendais, tout en progressant dans le cœur de la forêt, la douce musique des grillons et des oiseaux qui effectuaient en symphonie un magnifique concerto qui semblait donner le ton d'une nuit paisible.

Jetant subrepticement un regard vers le firmament, je compris qu'il me restait peu de temps avant le crépuscule et je pris l'initiative de me trouver un abri sûr pour y passer la nuit.

Mais comment espérer être en sûreté lorsqu'on est seul, entouré de fauves affamés, de serpents venimeux et de nombreux autres animaux sauvages ?

J'entrepris de ramasser des branchages dans le but de faire un feu de bois.

Coupant, tout au long de ma pérégrination, préférentiellement des branches et des brindilles desséchées, j'aperçus, tapi dans les broussailles, un énorme serpent.

Celui-ci dressa lentement son corps épais, enfla sa crête rouge et ses yeux s'allumèrent dans sa tête monstrueuse casquée d'écailles luisantes.

Instinctivement, je lui expédiai un violent coup à la tête avec le bâton que je venais de ramasser et le reptile s'engouffra dans les hautes herbes et disparut.

Après avoir amassé assez de bois, je posai le fagot dans un endroit bien dégarni et je m'accroupis quelques instants afin de réfléchir.

Le plus facile venait d'être accompli, maintenant il me fallait allumer le feu avec la méthode archaïque des deux bouts de bois.

L'un devant servir de support était mis à même le sol, tandis que le second en position verticale était encastré dans une fente contenant quelques brindilles sèches.

Après frictions prolongées des deux bouts de bois, une fumée s'échappa au niveau des brindilles. Alors, j'insufflai dessus pour attiser les premières braises et la première flamme apparut.

C'est ainsi que je pus, grâce à ces techniques ancestrales, élaborer un feu de camp et avoir un peu de chaleur.

Je me réchauffai quelques instant au près de celui-ci car la nuit avait apporté avec elle un brin de fraîcheur, puis, je me levai pour chercher quelque nourriture qui pourrait assouvir ma fringale.

J'avais remarqué lors de ma promenade précédente, que le sol forestier était jonché de champignons de toutes sortes.

J'en récoltai quelques-uns sans avoir une quelconque indication sur leur comestibilité.

Je les mangeai tous.

Je revins près de ma source de chaleur où je me laissai captiver par la virevolte des insectes photophiles, qui attirés par l'incandescence du feu de bois, tournaient inlassablement autour de celui-ci.

Assis les jambes en tailleur, je suivis avec admiration l'évolution phosphorescente des lucioles et des lampyres qui produisaient des flashs lumineux dans cette nuit ténébreuse.

J'éprouvais vraiment de la félicité à contempler et écouter cette orchestration de mouvements et de sons.

Par la beauté du spectacle, j'en étais même arrivé à oublier l'endroit sinistre dans lequel je me trouvais.

Cependant, je fus, une fois de plus, coupé de mon état extatique lorsque l'atmosphère remplie d'une brume cuivrée et le ciel de cumulus laissèrent tomber des trombes d'eau sur la chevelure effarée des bois.

En un éclair je me trouvai mouillé de la tête aux pieds comme si j'avais été aspergé avec un seau d'eau : je venais de me faire surprendre par une averse torrentielle.

Mon feu s'était éteint et le bois ignifugé.

Je regardais les cieux en guise de désappointement, réclamant l'aide de la providence lorsque j'entendis une voix murmurer :

«couche-toi et ne crains rien, tu trembleras d'abord mais ensuite tu verras une félicité inconnue inonder tes sens et ton être»

Puis, le ciel se rasséréna et la pluie s'arrêta.
Le feu, si difficilement réalisé n'était plus et, à présent, je tremblais de froid.

Couché sur un socle devenu fangeux, je me contorsionnai dans tous les sens, cherchant désespérément à m'endormir, mais le spectre de la lune sur les troncs ébène des arbres hantait mes pensées.
Obnubilé par le bruit incongru du l'hululement des hiboux, du grésillement des grillons, du jasement des perroquets et des cris stridents des singes, je ne pus fermer l'œil.
Des frissons couraient dans mon dos, mes cheveux se dressaient sur ma tête, mon cœur battait plus vite et mon esprit évoquait des visions de monstres dévorants.

Tout autour de moi, je voyais dans l'obscurité ténébreuse, les yeux lumineux des chouettes qui me fixaient inlassablement et je sentais pulluler une multitude de gros rats noirs virulents.
Effrayé par cette scène apocalyptique, je voulus pousser un cri de panique mais j'avais beau ouvrir la bouche, aucun son ne sortait.
Alors je voulus m'enfuir en courant mais mes membres étaient comme tétanisés par la peur.

Ne sachant plus que faire, je pris les branches du fagot pour combattre les innombrables fantômes et créatures que j'avais imaginés autour de moi, mais mes projectiles ne pouvaient les atteindre.

Je devenais agoraphobe d'un monde qui n'existait pas réellement.

Subitement, je fus pris de spasmes qui me firent trembler comme une personne atteinte d'épilepsie.

Aussitôt mes convulsions entamées, ma respiration devint difficile et je commençai à suffoquer et mon teint devint blafard comme si j'allais expirer de cette affreuse agonie.

Puis soudain, plus rien. Le mal était reparti aussi bizarrement qu'il était arrivé.

La tête entre les deux genoux, le corps enduit de sueur après mettre agité dans tous les sens, je me mis à réfléchir, recroquevillé sur moi-même, ramené à l'état de fœtus.

C'était horrible d'avoir le sentiment d'être attiré vers le néant et de se retrouver dans l'abîme sans même pouvoir réagir, d'être un homme-objet, objet que la mort pouvait manipuler à sa guise.

Je me sentais vraiment faible et impuissant.

Exténué, blotti contre un arbre, je me remémorai une journée lancinante de mon enfance, passée à la campagne, dans la maison de mes parents.

Un moment que je n'oublierai jamais...

Réminiscence

*P*arti pour une promenade non loin de la maison, je marchais d'un pas lent à travers une étendue d'herbe dans laquelle se mêlaient harmonieusement une flore multicolore composée de pissenlits, de trèfles, de pétunias et j'inhalais l'air parfumé qui s'était embaumé de la senteur de ces magnifiques fleurs.

*D*ans le sillon de ma progression, je voyais que les fleurs s'étaient inclinées sur mon passage comme pour saluer ma présence et que sauterelles, coccinelles et autres coléoptères déployaient leurs ailes et s'envolaient dans les airs comme un remarquable feu d'artifice.
*D*evant moi se trouvait un merveilleux spectacle sans équivoque.
*D*évorant des yeux cette splendide prairie, je m'exclamai : « Vie, je t'aime... »

*A*u-dessus de ce tapis verdoyant se trouvait un pâle soleil dont les rayons étaient filtrés par de gros nuages gris.

*S*oudain un violent éclair, suivi d'un grondement assourdissant, vint briser l'atmosphère placide qui régnait dans les cieux et une averse torrentielle s'abattit sur les saules qui, entraînés par des rafales, s'agitèrent.

Je décidai de m'abriter sous un de ces arbres afin de ne pas me faire trop mouiller par la pluie.

Arrêté comme un piquet au pied de l'arbre, je dirigeai mon regard vers les hauteurs de l'arbre, là où les feuilles vertes, animées par le souffle de vent effectuaient une danse affolée tandis que les feuilles jaune-orangé tombaient, de leurs branches, dans les eaux calmes du lac.

En attendant que l'averse s'arrête, je suivais du regard les grosses gouttes d'eau qui s'échelonnaient en tutoyant le limbe innervé d'une feuille lancéolée.

M'adossant contre le tronc robuste, j'admirais et écoutais les innombrables grenouilles, assises sur les berges d'un lac, qui coassaient comme pour remercier le ciel de l'abondance des insectes qui venaient tomber dans leur bouche avide.

La pluie s'intensifiait et s'abattait sur la rivière qui gonflait et menaçait de quitter ses rives.

Tout d'un coup, je réalisai que j'étais en danger car on m'avait expliqué que le fait de se tenir sous un arbre pendant un orage s'avérait une chose extrêmement dangereuse et qu'il fallait absolument éviter cela.

Passant de l'inertie à une course de cent mètres, je détalai dans les hautes herbes en direction de la rivière.

J'y parvins essoufflé et je m'assis sur la berge afin de reprendre mes esprits.

A peine avais-je posé les fesses sur le sol mouillé et boueux de la rive, qu'un violent éclair retentit dans le ciel : la foudre venait de s'abattre et de foudroyer l'arbre qui m'avait servi d'abri.

«Si j'étais resté à cette place ne fusse qu'une poignée de secondes supplémentaires...» pensai-je.

Je tremblais et claquais des dents non pas parce que j'étais mouillé de la tête aux pieds mais bien parce que je venais de tutoyer la mort de si près...

Recroquevillé, assis en position fœtale, je regardais à l'horizon des canards barboter au milieu des roseaux et des nymphéas bleus.

D'un vol hardi, un cygne mâle, venu par les airs se mit à décrire de grands cercles puis s'abattit sur l'eau auprès de sa compagne en faisant frémir son plumage de neige.

À cette vue, je tressaillis de joie.

La pluie diluvienne continuait à s'abattre sur la prairie, mais moi, je ne la sentais même plus.

J'étais encore sous le choc, traumatisé par ce qui venait de se passer, et assis, la tête entre les mains, je suivais d'un regard admiratif, des poissons qui nageaient entre les algues vertes et brunes.

Puis plongeant d'un geste brusque ma main dans l'eau translucide, j'essayai d'en attraper un.

Le sourire aux lèvres, je retirai ma main de l'eau et lorsque je l'ouvris, je vis qu'elle ne contenait que de la vase.

Cependant cette masse grouillait de vie : des vers, des larves d'insectes, des sangsues, des crustacés et de nombreux autres animalcules se dissimulaient dans ce milieu en voie de décomposition.

D'un air hautain, je me débarrassai de cette fange sur le rivage.

Puis je me penchai pour me laver les mains lorsque je glissai sur le socle de la berge et me retrouvai dans l'eau.

Là, je criai de toutes mes forces car je ne savais pas nager.

M'enfonçant dans les eaux troubles du lac je pensais que j'allais me noyer lorsque je sentis une main m'empoigner vigoureusement.

Quelqu'un me retira intempestivement des griffes de la mort.

C'était mon père qui m'avait sauvé...

La réminiscence de cet épisode de ma vie transporta dans mon cœur un flot de nostalgie.

Je regrettais ces bons moments passés avec ma famille, moments de joie, de rire, mais aussi de tensions et, enveloppé par ces regrets d'enfant, je me laissai emporter dans les bras de Morphée.

En harmonie avec la nature

*L*e lendemain matin, je fus réveillé par le chant en chœur de la faune, qui organisait un véritable concerto en mon honneur.

*P*erché sur un arbre, un perroquet arborant quasiment chaque couleur de l'arc-en-ciel sur son plumage entamait une cacophonie tandis que des oiseaux bariolés de mille couleurs psalmodiaient au-dessus de ma tête.
*D*ans une coordination de mouvements des chimpanzés se déplaçaient avec prestesse de branche en branche.
*D*es atèles et d'autres variétés de singes étaient suspendus aux arbres, la tête en bas, grimaçant et poussant des cris aigus en me voyant.

*J*e me levai de ma couche, m'étirai pour atténuer les courbatures dues à une rude nuit, et je me mis à parcourir la forêt à la recherche de nouvelles sensations.

*J*e marchais sur la couverture humide du sol, où grouillaient cloportes, charançons, limaces et insectes de tous genres, lorsque je vis, devant moi, un bousier qui avait confectionné une boule de bouse et la faisait rouler jusqu'à son lieu de nidation avec ses pattes postérieures comme un acrobate de cirque.

Sur son chemin se trouvait une minuscule rainette dont la peau translucide laissait transparaître les battements affolés de son cœur.

A l'approche du scarabée sacré, la petite grenouille déploya des pattes et d'un bond, s'en éloigna.

Plus loin, je fus témoin du ballet effréné des papillons et oiseaux-mouches qui, attirés par les couleurs vives des fleurs, volaient au-dessus de celle-ci.

Un papillon posé sur une fleur d'eucalyptus captiva plus particulièrement mon attention par le chatoiement des ses ailes d'un bleu métallique lorsqu'il les bougeait.

Ce lépidoptère était en train d'extraire lentement, avec sa trompe protractile, le nectar de cette belle fleur lorsque j'aperçus, dissimulé dans les tiges enchevêtrées d'un arbuste, un caméléon hétéro chrome qui avançait d'un pas dolent.

Passé maître dans la technique du camouflage, le caméléon s'avérait un excellent prédateur par sa faculté de se fondre dans un environnement donné en changeant de couleur.

Je ne voulus pas d'un tel dénouement devant mes yeux.

Je me précipitai vers l'animal en gesticulant dans tous les sens.

Le papillon s'envola.

Je fus fier de ce que j'avais entrepris.

Sifflotant gaiement, je continuais ma promenade, dans un état de béatitude, lorsque, je vis, se dressant sur ses pattes noires, une splendide mygale au céphalothorax et aux membres argentés qui était en train de creuser dans le sol un nid destiné à recevoir ses œufs.

L'araignée aux stries mordorées tapissait avec une extrême coordination et précision de mouvements, cette dépression d'une belle toile blanche, assez compacte, lumineuse et immaculée.

Je l'esquivai en la contournant délicatement.

Progressant dans la biodiversité forestière ou diverses agrumes se trouvaient à profusion, je me gavai de ces fruits parce que j'avais subi les effets d'un champignon hallucinogène la nuit derrière.

Cette nuit là, j'avais subi les affres de la peur et je ne voulais plus de cela.

Ayant mangé à satiété, il me fallait trouver un endroit où je pourrais être à l'abri de toutes ces angoisses.

Les grillons venaient d'entamer leur « hymne au soleil couchant » comme un avertissement de l'imminence de la nuit et j'activai la cadence de mes pas.

Soudain, je vis, à quelques pieds, une ouverture dans un bloc rocheux.

Cela ressemblait à l'entrée d'une grotte.

Je restai pendant un instant devant l'ouverture béante de la grotte et levant les yeux au ciel en guise de remerciement je m'exclamai :

« Merci mon Dieu ! »

Là, foudroyé par le souffle divin, je tombai à genoux et entamai une prière en fixant le firmament criblé par le scintillement d'une myriade d'étoiles.

Je venais de réaliser que Dieu ne m'avait jamais abandonné et qu'il veillait toujours sur moi.

Comment avais-je pu douter de l'Amour de Dieu, moi qui avais toujours été très croyant ?

A cet instant, mes yeux laissèrent des perles lacrymales s'écouler sur mes joues creuses. Puis, m'essuyant les paupières avec le dos de la main, je me levai et franchis l'entrée de la caverne...

Traumatisme d'une naissance

*L*orsque je m'introduisis dans le tunnel obscur de la grotte, une nuée de chauves souris au vol saccadé sortit de l'antre pour disparaître dans l'obscurité de la nuit.

*E*xténué par la dure journée que je venais de passer, je m'assis contre la paroi de la caverne.

Quelques instants plus tard je m'assoupis à l'entrée de cette cavité.

*L*e lendemain lorsque que dessillai les yeux, je ressentis la douleur lancinante d'une piqûre de taon qui m'avait perforé la peau pendant la nuit.

Quelques rayons de soleil pénétrant dans l'entrée de la grotte me permirent de distinguer un morceau de bois.

*J*e me levai avec flegme et me dirigeai langoureusement vers la branche qui me servirait de torche tout au long de ma progression dans le souterrain.

*J*e l'allumai et j'entamai mon long voyage dans les profondeurs de la terre.

*L*a flamme que je tenais convulsivement dans ma main tremblante projetait sa vague lueur dans des ténèbres sans fin.

J'employai un souterrain étroit et sinueux dans lequel j'avançai courbé en deux.

De temps à autre, je m'arrêtai quelques instants pour reprendre ma respiration puis je continuai à m'engouffrer plus profondément de la cavité.

Dans cette descente aux enfers, je sentis le froid envahir mon corps au plus profond de mes entrailles et mes poumons se comprimer et s'étioler comme une fleur desséchée.

Bientôt, ma respiration devint rauque.

L'air lourd et oppressant de cette excavation menaçait d'éteindre la flamme qui, vacillante, perdait de son ardeur.

J'allais être plongé dans un noir total lorsque finalement, après une longue marche dans les dédales de ce souterrain une grande galerie s'ouvrit à mes yeux.

Dans le ventre de la terre s'était formées des concrétions calcaires de stalagmites et de stalactites qui dessinaient une énorme toile d'araignée et moi, je représentais une misérable proie prise à l'intérieur de ses mailles.

Afin de sortir de ce gouffre, je longeai les murs de la grotte qui me dévoilaient les arcanes des temps immémoriaux.

Sur ces murs, je fus intrigué par des peintures rupestres représentatives de scènes funéraires et de parties de chasse.

Cet art pariétal, gravé sur les parois rocheuses de la caverne me donnait la sensation étrange de remonter dans le temps :

Je me voyais, muni d'une lance, affrontant des mastodontes de plus de cinq tonnes et braver, avec des artifices rustiques, les intempéries d'une nature imprévisible.

En m'identifiant à l'Australopithèque, je sentis l'angoisse de mort se propager lentement le long de mon malingre corps, faisant accroître mes pulsations cardiaques et les battements excessifs de mon cœur me donnaient le sentiment effroyable qu'il allait, en transperçant la mince pellicule cutanée de mon enveloppe charnelle, s'extirper violemment.

Je m'accroupis, me tenant le pectoral gauche craignant l'infarctus lorsque je vis suintant entre les cailloux, un long filet d'eau qui s'échelonnait sur le socle de la grotte.

L'idée de suivre sa course comme le fil d'Ariane vint subitement éclairer mon esprit et je me redressai afin d'essayer de sortir de ce gouffre au plus tôt.

Suivant le parcours des eaux d'infiltration, j'arrivais à un endroit où la nappe phréatique s'était accumulée en un véritable lagon comme un métal que l'on fait couler dans un creuset.

Là, suspendue au dessus de ma tête, une énorme stalactite menaçait de s'abattre sur moi, comme une épée de Damoclès.

Je ne pouvais plus avancer et il me fallait prendre une décision.

Je cogitai quelques instants...

Finalement, je pris une grande inspiration pour m'immerger dans les eaux limpides du lagon.

Je nageai en apnée entre les rochers pendant environ une minute lorsque je vis à quelques mètres au dessus de moi, une lumière pénétrant les eaux.

J'accélérai les battements de mes pieds pour arriver enfin à la surface en poussant un grand cri de soulagement.

Sorti des entrailles de la terre, je m'assis sur la berge pour reprendre mon souffle lorsque, soudain, j'éprouvai un pressentiment.

Je me retournai juste à temps pour voir une forme noire, fantomatique, se ruer sur moi.

Des bras robustes m'enlacèrent, m'étouffèrent et je fus rossé de coups à un tel point que je perdis   connaissance.

Sacrifice expiatoire

Lorsque je rouvris les paupières, un étrange spectacle se déroulait devant moi.

Je n'avais jamais vu de physionomies aussi curieuses que celle de ces individus là.

Ils étaient affreusement sales, à peine couverts de quelques haillons, leurs longues chevelures embroussaillées leur tombaient sur le visage et leurs yeux émettaient des lueurs de brasier.

Debout en face d'un grand feu, se trouvait un émérite sorcier à la mine patibulaire.

Il était revêtu de ses atours de mage noir :

Collier fait de rondelles de crâne, tablier d'os humains sculptés et ajourés, poignards magiques à la ceinture.

Il me fixa avec des yeux qui comme des meurtrières me lançaient des flèches empoisonnées.

Mon cœur se glaça d'effroi.

S'avançant vers moi, il esquissait des décharges gestuelles en psalmodiant des incantations à voix basses.

Une longue procession s'en suivit :

le mage, aux pouvoirs occultes puissants, semblait dialoguer avec les esprits et je compris que mon sort dépendait du dénouement de cette entrevue avec l'au-delà.

Le vent hurlait et gémissait comme si les démons demandaient que je sois sacrifié pour apaiser leur courroux.

Mon visage prit une pâleur livide en voyant une marmite géante sur des charbons de bois ardents.

Allais-je devenir le repas de ces indigènes anthropophages ?

Le sorcier sortit son couteau magique et me lacéra les mains.

De ces petites entailles, le mage récolta dans une écuelle une certaine quantité de sang qu'il s'empressa de boire.

Soudain, le sorcier, en transe, fut pris de convulsions et il se mit à tourner sur lui même à une vitesse vertigineuse.

Tout d'un coup, il tomba sur le sol, foudroyé.

Il resta tête baissée dans cette position quelques instants puis releva lentement la tête et posa son regard sur moi.

D'un geste brusque il appela pour qu'on lui amène un poulet.

Il trancha la gorge du gros poulet blanc et répandit son sang sur la terre poussiéreuse du campement.

Cette libation fut acceptée comme une offrande de bon augure par les Dieux puisque le mage esquissa un sourire.

Il se dirigea de nouveau vers moi et demanda avec véhémence que l'on me détache, ce que s'empressèrent d'exécuter deux assistants chamans, subordonnés au grand maître dans la hiérarchie tribale.

Libéré de mes liens, on s'occupa de moi en épanchant mon sang et en y appliquant une sorte de pâte noirâtre, puis, on me fit rejoindre le reste de la tribu qui s'était regroupé autour du feu où la cérémonie religieuse devrait prendre fin.

Avant de concocter le poulet dans la grande marmite, le chaman éviscéra le coq et accomplit une fois de plus les sciences divinatoires dans les entrailles de celui-ci.

Pendant le rite, aucune parole n'était autorisée à l'exception de celle du grand mage qui présidait l'autel et nul n'avait le droit de bafouer la sacralité de la cérémonie sous peine de subir la dure rétribution d'un acte blasphématoire :

pour avoir dérogé à la règle, il était aussitôt sacrifié.

Fort heureusement rien ne tout cela n'arriva.

Pour ma part, le rituel se passa comme prévu :

j'étais ravi de manger cette volaille au lieu que ce soit moi qui fusse préparé comme festin et je savourai chaque bouchée avec délectation.

Au terme de la cérémonie, on me conduisit dans une cabane et on m'y laissa seul.

Dans la nuit, j'entendais les sarcasmes, les rires et les palabres des indigènes mais ne je ne comprenais pas ce qu'ils disaient.

Laissant cours à mon extravagante imagination, je me disais qu'ils devaient sûrement se demander d'où je venais, pourquoi j'avais une telle apparence et ce qu'ils allaient faire de moi les jours à venir.

Victime de mon insomnie, je m'interrogeai à mon tour sur mon devenir.

Allais-je revoir ma famille ?

Retournerais-je un jour à la civilisation, celle là même qui me poussa à quitter tous ceux que j'aimais pour une contrée inconnue ?

Je l'avais trouvée cette île paradisiaque où je pourrais être libre des chaînes de la civilisation mais seulement cet endroit était déjà occupé et je devais me confronter aux exigences d'une toute autre société.

Ces sauvages donnaient à première vue l'impression de vivre dans un système archaïque dénué de toute législation, mais *j'allais vite intégrer les lois fondamentales et les tabous de la tribu au prix de perdre une fois de plus mon intégrité et ma liberté.*

Rencontre fortuite

Dès les premières lueurs de l'aube le soleil inonda le paysage de sa lumière dorée.

On m'appliqua une décoction à l'odeur fétide sur les blessures et on me donna un breuvage à base de plantes médicinales et de racines.

Puis une très belle femme aux doigts de fée massa avec application et tendresse mon corps endolori.

On m'enveloppa comme une momie de feuilles aux vertus thérapeutiques que l'on prit soin d'attacher avec de petites lianes.

Je restai allongé sur le dos pendant près d'une semaine et tous les jours, à la même heure, je voyais la silhouette souple de la belle indigène se découper dans la lumière de la porte puis rentrer dans la case.

Aussitôt que je voyais son ombre toute mon âme était envahie d'une béatitude incommensurable.

Cette femme, dont l'apparence sauvage m'attirait, était de toute beauté.

Son aspect glamour éveillait tous mes sens lorsque je la regardais.

Avec sa peau couleur ocre, ses yeux noisettes, ses longs cheveux noirs et son sourire radieux, elle était tellement belle... que je décidai de la nommer « Houri ».

Cette femme à la beauté divine entamait à chaque fois le même rituel : s'agenouillant auprès de ma paillasse, elle soulevait doucement ma tête pour me donner d'étranges breuvages aux herbes et racines aromatiques puis elle s'appliqua à changer mes cataplasmes. Lorsqu'elle plongeait dans mes yeux fiévreux son tendre regard, ses longs cheveux venaient balayer mon visage comme la caresse d'un vent léger.

Elle prenait soin de moi comme si j'eusse été un de ses proches et elle faisait preuve d'une bienveillance particulière en restant à mes côtés et en apportant avec elle un brin de chaleur par sa présence.
Je ne la connaissais pas encore mais j'étais frappé par la tendresse qu'elle me prodiguait et j'attendais ces moments de soins avec une impatience passionnée.

Je commençais à prendre goût de ma situation de convalescence et j'aurais voulu que cela ne se termine jamais.

Car une fois guéri, qu'allait-il encore m'arriver ?

Initiation

J'allais beaucoup mieux et mes contusions avaient pratiquement disparu, ne laissant que de légères cicatrices.

Un jour que j'attendais la visite de ma Houri, je vis à mon grand désappointement l'intrusion du grand chaman dans la case.

Il déplia sa natte, s'assit en tailleur auprès de moi et lança des cauris et des ossements sur la terre en murmurant des paroles insensées.

Le sorcier interrogea les morts et demanda une fois de plus aux ancêtres de lui venir en aide quant à la décision à prendre.

Dessinant sur le sable des associations étranges entre symboles et figurines iconographiques, il schématisa les épreuves que je devais réussir afin d'obtenir le droit d'intégrer la tribu.

Le rite initiatique fut clairement défini par les forces supra normales mises en jeu.

Il fallait que je réussisse avec brio trois épreuves, épreuves qui devaient me permettent de pénétrer la sphère très restreinte des initiés.

Ce domaine était exclusivement réservé aux hommes.

Cette initiation à la vie représentait le passage de l'enfance à l'état d'indépendance subjective de l'adulte.

Seuls les hommes avaient droit à la liberté, les femmes quant à elles dépendaient matériellement et psychologiquement de leur époux.

La première épreuve supposait la maîtrise de la peur et de toutes les frayeurs et psychoses que pouvait ressentir un individu confronté à la solitude et au stress.

J'allais à mon grand enchantement retrouver cette belle forêt et y demeurer pendant trois jours.

La seconde épreuve consistait en ce que je puisse vaincre l'un des plus valeureux guerriers du clan afin d'éprouver mon courage et mes performances physiques.

Dans la troisième et dernière épreuve, je devais réaliser de mes propres mains une œuvre d'art, ceci afin de tester mes compétences intellectuelles, artistiques et libérer mes énergies créatrices.

Personne n'était autorisé à s'immiscer dans mon initiation pour me fournir une quelconque assistance.

D'ailleurs, je n'eus besoin d'aucune aide car les contingences de la vie m'avaient permis, dans le passé, de faire face à des situations similaires.

Ainsi j'avais obtenu une certaine force psychique et une maîtrise de moi digne du plus illustre Lama et je surmontais honorablement ces trois épreuves.

Par une nuit de pleine lune, je subis les derniers sacrements dans l'intimité d'une forêt sacrée.

Car ce peuple animiste croyait beaucoup aux esprits de la nature et avait une haute considération pour les arbres qu'ils traitaient avec respect.

La cérémonie composée d'une assemblée de quelques initiés était présidée par le grand mage.

On me rasa la tête puis on me fit des ablutions répétées afin d'effacer les scories de mon ancienne nature et de purifier mon corps.

Après coup, le sorcier m'inonda de paroles sacrées tout en enduisant mon corps d'une onction aux vertus surnaturelles.

Le rite pris fin par un geste hiératique du grand mage : prosterné devant lui, il me fit prêter, sous les imprécations les plus sévères, le serment de silence et de loyauté, puis il m'adouba et me remit un arc et d'une flèche blanche, symbole de phallus.

Alors, on me salua au nom de toute l'assemblée comme un frère et comme un futur initié.

Au petit matin, Rê, de sa couleur écarlate, sortit de sa tanière et la résurgence de cette boule de feu symbolisait la résurrection de ma personne dans un autre système existentiel.

J'étais devenu officiellement un membre de la tribu et une toute autre vie allait commencer pour moi.

Union sacrée

Le jour suivant, je devins l'époux d'Houri, cette enchanteresse qui m'avait ensorcelé par son philtre d'Amour pendant mes moments de faiblesse.

Dans cette grande cérémonie célébrée en mon honneur je fus complètement enchanté par l'harmonieuse coordination des chants et des danses frénétiques qui se déroulaient devant moi.

Au début de la cérémonie, des danseuses suivaient doucement la musique cadencée des tam-tams puis le rythme en crescendo entraînait des transes et orgies dionysiaques.

Ces femmes s'abandonnaient entièrement au rythme en ondulant lentement les hanches, comme si quelques mouvements perpétuels cosmiques s'exprimaient par leur corps.

Cette coordination de mouvements et d'énergies s'effectuaient en toute harmonie.

Elles dansaient en virevoltant, les bras tendus, un peu à la manière des derviches soufis, débauchant une extraordinaire quantité d'énergie tout autour d'elles.

Au son des tambourins, les indigènes tapaient des mains pour encourager les danseuses qui balançaient leur corps au rythme de la musique.

Elles exécutaient ces mouvements avec une merveilleuse majesté et me dispensaient un spectacle d'une incroyable beauté.

Ces danses laissaient transparaître un certain pouvoir mystificateur et mes yeux furent enivrés de leur l'envoûtement.

Je fus totalement surpris lorsque deux femmes assises à mes côtés me prirent les mains et me transportèrent dans une chorégraphie improvisée.

Puis, la musique s'accéléra et s'amplifia pour prendre une cadence folle. Soudain, au summum de l'intensité, les percussions s'arrêtèrent et tout le monde s'immobilisa.

Alors, je regagnai ma place, accompagné par un flot d'applaudissements et de félicitations venant de toutes parts.

A n'en point douter, il existait une atmosphère de communion et de fraternité que j'avais rarement ressentie auparavant.

Toute mon âme fut auréolée d'un tourbillon d'Amour et de joie et je restai bouche bée, éberlué par l'exotisme de cette cérémonie.

Plus tard, alors le soleil se couchait dans une splendide débauche de rouge sanglant, et que nous étions tous réunis autour d'un grand feu crépitant, nous mangeâmes en toute allégresse un somptueux repas, en écoutant assidûment le chef du village raconter des contes et des mythes légendaires.

C'est ainsi que par une magnifique soirée, moi et Houri étions solennellement unis pour la vie.

Croyance funéraire

J'avais été particulièrement frappé par le système tribal de ces indigènes.

En effet, cette société était mystérieusement imbue de cérémonies occultes.

L'initiation des hommes, le mariage et le deuil donnaient lieu à des cérémonies rituelles :

lorsqu'un membre de la tribu venait à mourir, une cérémonie commémorative était aussitôt organisée au cours de laquelle commençait à s'élever des lamentations qui se prolongeaient fortissimo au cours de la nuit puis diminuaient graduellement avec la durée des funérailles :

Accablées, certaines femmes manifestaient leur désarroi en se roulant dans le sable et en poussant des cris hystériques.

Certaines se lacéraient le corps ou s'auto-flagellaient en gémissant et récitant les louanges du défunt.

Immédiatement après le décès, un groupe d'initiés devaient traiter respectueusement le corps du défunt pour ne me pas offusquer son âme.

Son corps était alors barbouillé d'argile rouge mélangé à de l'huile puis on procédait à une trépanation afin que l'âme s'échappe de l'emprisonnement de son enveloppe charnelle pour regagner les champs célestes.

Après coup, on enterrait le corps dans une tombe avec ses effets personnels car l'opinion était que le corps humain contenait un esprit principal qui était immortel et qui continuait sa mission dans l'au delà lorsque celle-ci avait été avortée dans ce monde.

La croyance aux sortilèges était profondément enracinée au point que, quand un membre de la tribu venait à tomber malade, il ne jugeait pas que son état était dû à une défaillance de santé.

Il l'attribuait à la colère d'un des nombreux dieux qu'il avait dû offenser.

Son esprit s'efforçait donc, avec angoisse, de se rappeler s'il n'avait pas enfreint volontairement ou involontairement une des nombreuses lois du tabou et devait se confesser devant le grand chaman qui avec ses pouvoirs supra-normaux était seul à pouvoir le délivrer de son mal.

Ainsi le grand chaman détenait-il exclusivement les secrets rituels et répugnait extraordinairement à les dévoiler à d'autres qu'à des initiés spécialement choisis par le guérisseur comme gardiens des clés de la connaissance.

Grâce à ce procédé, la culture et les croyances ancestrales de ces indigènes se sont perpétuées de génération en génération jusqu'à ce jour.

Système tribal

J'étais surtout fasciné par l'organisation de cette tribu qui était parfaitement hiérarchisée et structurée.

Tout le monde avait une tâche à accomplir pour la société et lorsqu'on avait accompli son devoir civique, il fallait vaquer à d'autres obligations d'ordre religieux.

Des tâches respectives étaient réparties en fonction de la position tribale de l'individu : les femmes et les enfants d'une part; les hommes de l'autre.

Dès les premiers rayons du soleil, les femmes lavaient, sous une cataracte, le linge à grands coups de battoir, en chantant un cantique d'encouragement tandis que les hommes munis de longues sagaies pêchaient dans les eaux limpides de la mer.

Plus tard dans la journée, nous partions à la chasse, suppléés par nos chiens Boubou et Titus qui nous assistaient dans la capture des gibiers.

Dans un carquois que nous portions au dos nous avions nos flèches empoisonnées au curare que chacun avait pris soin de fabriquer.

Il fallait non seulement être maître dans la technique du camouflage pour se fondre dans la nature comme un véritable caméléon, mais aussi faire preuve d'une grande dextérité pour ne pas manquer la proie au moment propice.

Après une dure journée de chasse, lorsque nous revenions au campement avec le gibier, nos épouses qui nous attendaient avec une anxieuse patience explosaient de joie et nous enguirlandaient de leur bras tentaculaires.

Un peu plus loin, les enfants qui eux aussi guettaient notre retour, faisaient des cabrioles dans le sable du campement.

Ils bondissaient de jubilation en nous voyant revenir de la chasse et accouraient à notre rencontre en clamant nos noms.

Puis les femmes s'employaient à faire la cuisine dans des grandes marmites en terre rouge.

Ces céramiques servaient à la concoction du gibier.

J'appréciais les qualités culinaires de ces femmes qui utilisaient de nombreuses herbes aromatiques pour la préparation des mets.

J'étais friand de cette gastronomie épicée qui me changeait des repas insipides des occidentaux et ce que je prisais par dessus tout, c'est le fait que nous mangions tous dans un même récipient, ceci afin de raffermir les liens de fraternité au sein de la tribu.

Juste après le dîner, nous nous éclipsions en catimini, moi et Houri, pour passer de longues heures à nous baigner sous les chutes du fleuve.

Puis, nous nous glissions dans l'intimité d'un épais feuillage de la rive, à l'abri des regards moqueurs du reste de la tribu qui considérait notre liaison avec une bienveillance amusée.

Ensuite, après une nuit passée à la belle étoile, lorsque nous sentions la rosée du matin nous caresser la peau, nous nous entrelacions encore plus fortement pour nous dissoudre dans une multitude de plaisirs.

Avec elle, le passé n'existait plus, le futur n'avait pas d'importance, seul le moment présent comptait.

J'aurais voulu que ces moments soient figés pour l'éternité et que rien ne puisse altérer cet Amour.

Cependant, un jour, alors que tout le monde était rentré au village et que le soleil disparaissait à l'horizon, je contemplais, esseulé sur la plage, la houle qui se fracassait sur le rivage et qui ourlait la grève et je fus enveloppé par un flot de nostalgie.

Spleen

J'étais nonchalamment allongé sur le sable chauffé et je scrutais l'horizon qui, transpercé par les derniers rayons du soleil couchant, prenait une teinte jaune-orangée.

Tandis que ce magnifique paysage s'estompait devant mes yeux émerveillés, j'écoutais le chant des mouettes qui comme des sirènes semblait m'appeler et me dire de venir, et j'entendais le déferlement des vagues qui se brisaient avec fracas sur des rochers de plomb.

J'étais enchanté par l'alliage de ces sons et de la suave musique qui en résultait et j'esquissai, en fermant lentement les paupières, un sourire de plénitude.

Le regard mélancolique, je pensais à ma famille que j'avais laissée sans nouvelles et je prenais conscience de l'omniprésence du cordon ombilical symbolique qui me reliait à mes racines.

Je réalisais que le fait de partir loin de mes parents m'avait permis de prendre conscience de l'Amour que j'avais pour eux.

Je ressentais à présent ce manque dans ma vie et la place indispensable qu'ils occupaient dans mon existence.

Mon sentiment était qu'une existence ne vaut pas la peine d'être vécue sans le sel de l'Amour et la chaleur des mots.

J'avais besoin de parler, de discuter avec quelqu'un et lui ouvrir mon cœur.

Mais ici, j'avais l'impression d'être seul au monde.

Soudain, comme une réponse à ma détresse, une main vint se poser sur mon épaule : c'était Houri qui s'étant inquiétée de mon absence, était venue me chercher.

Elle s'agrippa fermement à mon bras et nous rentrâmes au campement.

Sur le chemin, elle me dit qu'elle me comprenait et qu'elle respecterait ma décision si celle-ci était de repartir sur ma terre natale.

Elle avait su lire dans mes pensées.

Elle paraissait sereine et zen dans toute son attitude, mais je sentais par empathie que son cœur était meurtri de chagrin.

Elle ne versa pas une larme car sachant que cela arriverait un jour elle s'était préparée psychologiquement à une éventuelle scission.

Elle me dit qu'elle était prête à affronter mon départ et que cela ne l'affecterait pas trop, puis, arrivés à proximité du village, elle lâcha ma main, accéléra le pas et s'engouffra dans *les méandres d'un étroit sentier, sa silhouette évanescente disparaissant à l'horizon.*

Point de suture

*J'*avais quitté la civilisation depuis si longtemps.

Trois ans déjà...

Mille quatre vingt quinze jours dans cette contrée, loin de toutes technologies, systèmes monétaires et sciences, où j'avais appris à écouter les arbres, les fleurs et les oiseaux, car ceux-ci nous parlent.

Ils arrivent à nous dire, lorsque nous sommes attentifs à leur parole, que le paradis n'est pas l'apanage d'une vie post-mortem mais bien présent dans les choses les plus élémentaires de la nature.

J'avais passé tellement de temps à chercher l'Amour, la sécurité, la satisfaction...

Mais j'avais appris au cours de ce voyage que le bonheur était insaisissable en lui même, simplement, parce le seul moyen de se le procurer est de le donner aux autres sans murmure, sans hésitation et sans regret.

Le lendemain matin, après une longue nuit de réflexion, je fis part à la tribu de mon désir de quitter l'île.

Je reçus une belle homélie du grand chaman qui était contre le fait que je veuille laisser ma femme, Houri.

Mais, cependant, il me donna son consentement nimbé de remontrance.

Il y eut une fête commémorative en mon honneur puis le jour suivant, dès les premières lueurs du jour, le vieux sorcier ordonna que l'on abatte quelques arbres pour la confection d'un petit bateau.

Une semaine plus tard, toute la tribu se trouvait sur le rivage.

Certains m'offrirent quelque chose de symbolique comme pour faire part de leur sentiment d'amitié à mon égard.

Le grand chaman, ce personnage si énigmatique, et si taciturne m'étonna lorsqu'il laissa échapper quelques mots de sa bouche.

Il me dit ces mots :

« rativata shitoni tivatou cocomora kisanfi ajasou mirugaga maha titikouaka iruba»

ce qui signifiait :

« La lumière de la conscience est en toi lorsque tu comprendras cela la quête d'inconnu et ta soif d'indicible prendront fin».

Puis il me tendit sa frêle main et me donna un de ses fétiches qui devait me protéger tout au long de mon voyage.

Je le remerciai en acquiesçant de la tête.

Le moment le plus douloureux arriva lorsque Houri s'approcha du bateau.

Alors qu'elle avançait, ses yeux manifestaient toute sa détresse.

En effleurant mes lèvres, elle me donna un léger baiser puis se retira.

Puis un grand silence s'empara de toute l'atmosphère.

Alors, plongé dans cette quiétude, je dévorai des yeux une dernière fois cette île paradisiaque, sans dire un mot, sans morceler ce splendide panorama en petite image, en me disant ce ceci était un oiseau ou encore que cela était un arbre, mais en prenant ce paysage dans sa globalité, me laissant totalement imprégner par sa plénitude.

Enfin, après ce moment d'intense contemplation, j'embarquai nourri par un sentiment de joie mêlé d'amertume, tournant le dos à cette belle épopée au pays de tous les totems et tabous.

Cette aventure s'est avéré un fabuleux voyage initiatique pour la libération de mon âme qui, jadis captive de la matière, fait son entrée aujourd'hui dans les couches supérieures de la conscience.

C'est ainsi que, débarrassé de mes angoisses, de mes peurs, de mes doutes, de mes soucis d'hier et de lendemain, vivant exclusivement le jour présent, mon existence est devenue semblable à un océan transparent sans houle ni vagues.

Après avoir été ballotté par le vent comme un misérable fétu de paille sur l'inconscient collectif des hommes, j'avais enfin connu la grande vérité et compris ma mission.

Alors, tandis que le soleil disparaissait à l'horizon, je m'éloignai vers un avenir incertain, laissant derrière moi une vaste traînée s'échelonner dans le sillage de mon bateau, voyant en même temps s'éteindre l'illusion d'un monde parfait...

Confession d'un naufragé

Je voguais toujours sur les flots de la grande mer qui par sa bienveillance veillait sur son avatar et me prévenait des dangers quotidiens.

Curieusement, plus de tumulte, plus de tempête dévastatrice, plus de cyclone me rappelant le chaos existentiel, au lieu de cela un océan placide et serein, sans excès ni débordement impétueux.

A croire que la Marâtre qui m'infligeait continuellement ses supplices et tortures avait fait volte face et avait décidé de faire preuve de magnanimité à mon égard.

M'ayant vu désemparé, elle se serait tournée vers ma piteuse nature.

J'ose supposer que par l'intercession des prières de mes amis, j'ai obtenu la faveur des Dieux.

Foutaises et balivernes !

Les dieux et les divinités ne symbolisent-ils pas les imagos de nos parents idéalisés et internalisés dans notre subconscient ?

Tout ceci ne peut vraiment pas avoir de signification réelle, objective !

Victime de nos illusions et phantasmes, la vie ne devient t-elle pas simplement un rêve éveillé, un rêve où, nous, protagonistes ne faisons que subir et regarder passivement ?

Nos actions ne sont-elles pas que des velléités pour essayer de sortir de ce cauchemar existentiel ?

Sommes nous autre chose que le fruit de millions d'années d'histoires que nos ancêtres, nos aïeux, nos parents nous ont successivement légué et dont nous estimons peu ou prou l'importance ?

Réalisant que l'alternance Ordre et Chaos est un processus circadien sempiternel où la contingence des événements fluctue aux grès des impondérables, j'arrivai à la conclusion selon laquelle d'intermittentes turbulences et accalmies formaient l'ossature de ma vie.

Ainsi, je ne suis que le produit du temps pendant lequel les évènements stochastiques de mon existence se sont amoncelés comme le limon quand viennent les crues du Nil pour s'ériger en un monticule lité symbolisant les couches successives de bonheur et de souffrance qui se sont déposés dans ma vie.

Je boirai, certes, la boisson de l'ivresse du bonheur éphémère et goûterai assurément au fiel de la souffrance, mais sans que cela ne trouble ma conception de notre existence et même si parfois la vie ressemble à un gouffre où les âmes damnées errent sans l'espoir, où les cris stridents des désemparés sentent la chair en putréfaction, où les grincements de dents sont synonymes de châtiment, il suffit parfois de regarder au fond de l'abîme pour voir émerger le signe de la rédemption, un lumignon source d'espérance qui me permettra de demeurer incorruptible et inaltérable malgré les vicissitudes du temps.

Croisement en haute mer

*A*près m'être égaré quelque peu dans des réflexions existentielles, je revins à m'enquérir de ma situation présente et des moyens que je possédais pour survivre à cette aventure périlleuse.

*C*ar j'étais toujours en proie aux convulsions océaniques qui me secouaient sans ménagement, comme un fétu de paille et mon embarcation continuait à dériver au gré des courants marins.

*Q*uelques semaines s'écoulèrent et toujours pas de terre en vue.

*M*es réserves d'eau et de nourriture étaient quasiment épuisées et je devais m'employer à la pêche au fil pour mon alimentation quotidienne.

*J*e savais que le plus important était de ne pas manquer d'eau douce et je ne buvais que quelques gorgées.

*L*a chaleur accablante du soleil, l'air salé des eaux saumâtres, le manque d'alimentation me rendait frêle et apathique.

*M*es muscles s'engourdissaient, mes voies respiratoires s'obstruaient...

*J*e pensais que j'allais mourir d'inanition.

Mon corps inerte, acteur passif de sa propre histoire, spectateur des mornes épisodes d'un scénario autodidacte, regardait, tel une âme-oiseau qui s'élève dans l'éther, ma conscience qui s'évadait au-delà du champ spatio-temporel pour embrasser l'éternité du moment présent.

C'est alors que je devins une petite goutte d'eau dans l'immense océan, un minuscule grain de sable dans un gigantesque désert, un simple arbre dans une grande forêt.

Le temps n'avait plus d'importance pour moi, la souffrance plus aucune signification et jour après jour, j'assistai au ballet acrobatique des dauphins, au bal des raies Manta, à la chorégraphie des bancs de sardines qui remontaient des fonds marins, et à la danse synchronisée des baleines blues qui, malgré le mastodonte qu'elles représentaient, se déplaçaient avec une mirobolante souplesse et majestueuse dextérité dans la masse liquide.

Alors que les ténèbres emplissaient de plus en plus les valves de mon existence, je reçu comme une manne tombant du ciel, une grâce culinaire inopinée : des poissons-volants se posaient sur mon bateau comme sur une piste d'atterrissage conçue à cette effet.

Puis, le matin qui suivit mon festin à la table des Dieux olympiens, je fus réveillé dès les premières lueurs du jour, par les moteurs assourdissants d'un bateau de pêche qui naviguait dans les eaux environnantes.

Ainsi, je pus grâce à ce bienheureux croisement en haute mer, regagner les côtes territoriales et retrouver les terres natives.

Lancinantes retrouvailles

Lorsqu'on s'approcha des côtes et que les derniers rayons du soleil obscur semblèrent disparaître, je fis l'expérience de la béatitude excitante des souvenirs lancinants et du saumâtre bonheur des retrouvailles.

Dès les premiers instants, j'humai avec le bonheur regretté, l'odeur caractéristique de l'air de mon pays embaumé du suave parfum des fleurs estivales.

Puis, arrivant à proximité du quai, les braves marins avec leurs conversations toujours aussi houleuses apportèrent une émouvante acoustique lorsque mon dialecte vint effleurer et faire vibrer comme un doux baiser la membrane de mon tympan.

Le fait de retrouver mon pays, mes amis, mes effets personnels, me fit rentrer dans une béatitude euphorique, mais ma félicité pulsionnelle se changea rapidement en sentiments mélancoliques.

A peine avais je foulé le sol que je remarquai que tout avait changé et que rien n'était identique aux souvenirs-clichés contenus dans ma mémoire

La ville avait subi des modifications herculéennes, les gens avaient eux aussi changé.

Toutes choses avaient évolué et avaient subi irrémédiablement l'usure du temps.

Aussi désastreuse qu'une tempête, aussi dévastatrice qu'un tsunami aussi ravageur qu'un tremblement de terre, le temps avait érodé les façades les habitations, creusé les visages, apportant avec elle, vieillissement, sénescence et décrépitude aux choses.

En dehors des frontières de mon pays, j'avais oublié que la vie porte en elle les stigmates de l'impermanence.

Tout avait changé.

Même les émotions, les mentalités, les habitudes étaient différentes du visage qui apparaissait dans ma mémoire.

Dans les places mondaines, les personnes que je rencontrais étaient tellement préoccupées et angoissées qu'ayant perdu la flamme de l'attention elles marchaient comme des automates programmés et réglés à leurs habitudes en faisant de leur quotidien un stéréotype.

J'entendais parfois ces humanoïdes m'apostropher par une obligeante courtoisie me disant « comment allez-vous ? »

Comme si ma condition humaine les intéressait pour peu.

C'étaient des automatismes, des phrases toutes faites, des formalités, des convenances toutes ces choses mécaniques qui soustraient à l'homme une partie de son unicité et qui émoussaient son acuité cérébrale.

Parfois, lorsque je marchais avec une déconcertante prestance et que par un merveilleux malheur, je croisai une personne dont le cœur était saturé de jalousie, je sentais, dissimulé derrière les digues de l'hypocrisie, un regard envieux traduisant l'éloquence de leur silence loquace.

Il arrivait que la chaleur glaciale du zèle de certains renfermait tous les traits d'une gentillesse maligne et que l'ostensible était comme de la poudre jetée aux yeux des crédules.

Alors, leur nature chimérique déployait devant moi majestueusement leurs ailes de séraphin tandis que tapie dans l'ombre leur langue fourchue distillait des paroles tacites de haine.

Je pris conscience que l'illusion de la certitude des choses nous dupe jusqu'au jour où ébloui par la lumière de la vérité, nous arrivons en embrasser l'essence des choses.

C'est ainsi qu'une vision holistique du tableau synoptique de la vie transperce les arcanes de l'existence pour illuminer les couches ténébreuses de notre inconscience.

Il m'a fallu partir vers d'autres horizons pour m'apercevoir que la vie n'est que mouvement, que nos actions nous rapprochent inéluctablement vers l'état chaotique initial et que nos existences sont des immenses champs de bataille dans lequel nous luttons pour le baroud d'honneur contre le désordre envahissant.

Postface

Le ciel ténébreux peignait la voûte céleste, la brume était épaisse, le soleil était absent...

Recouvert d'une armure de fer, protégé d'un bouclier d'airain, portant un heaume à la tête et une épée à la main nous pensions être prêts pour le combat.

C'est alors que nous avons chevauché, tels des chevaliers teutoniques, des contrées inconnues, parcourant terres et eaux et bravant vents et marées.

Nous avons entrepris des croisades, des guerres et des expéditions à la recherche du **Saint-Graal**.

Pourtant, dans cet immense champ de bataille, avons-nous simplement triomphé de nos passions?

Satisfaisant toutes nos envies et réalisant tous nos phantasmes, notre œil se délectait de voir, notre oreille se satisfaisait d'entendre et notre bouche ne se rassasiait de manger, mais tout était souffrance dans cette course au plaisir.

Semblables à des aveugles conduisant des aveugles, nous regardions sans voir et nous écoutions sans comprendre.

Nous nous sommes donc fourvoyés car la Vérité se trouvait dans un royaume sans chemin.

Nous avons amassé des richesses et conquis des terres pour construire ce royaume, mais tout était éphémère et poursuite du vent.

Nous avons érigé des monuments religieux pour y mener un culte mais nous avions oublié que la Foi est un temple sans façades.

Nous voulions peser l'impondérable, voir l'invisible et attraper l'impalpable, mais tout n'était qu'illusion...

Aujourd'hui, le soleil se lève, la chrysalide est arrivée à maturité, le bourgeon est sorti de sa dormance.

Alors, comme une mue qui se détache du corps de son propriétaire le moment venu, nous nous détachons de notre nature grossière.

Puis, nous revêtons une tunique en lin, d'un blanc immaculé, symbole de régénération, de renaissance et de pureté.

A cet instant,

*Notre âme-oiseau s'élève dans l'éther, au-delà
du champ spatio-temporel pour embrasser
l'éternité.*

Alors,
Comme la goutte d'eau dans l'immense océan,
*Comme le grain de sable dans le gigantesque
désert*
Comme l'arbre dans la grande forêt,
*Le temps n'existe plus, la souffrance n'a plus
aucune signification.*

Matthieu GROBLI